AF253631

ÉTUDES

SUR

AGRIPPA D'AUBIGNÉ

(XVIe SIÈCLE)

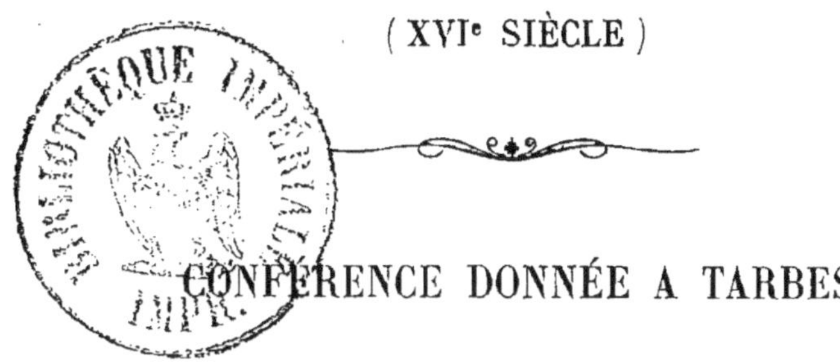

CONFÉRENCE DONNÉE A TARBES

LE 29 MAI 1868

PAR M. L.-B. DES FRANCS,

Docteur ès-lettres, professeur de rhétorique au Lycée Impérial, membre de la
Société académique des Hautes-Pyrénées et de la Savoie.

TARBES

TH. TELMON, IMPRIMEUR DE LA PRÉFECTURE

1868

ÉTUDES

SUR

AGRIPPA D'AUBIGNÉ

(XVIᵉ SIÈCLE)

CONFÉRENCE DONNÉE A TARBES

LE 29 MAI 1868

Par M. L.-B. DES FRANCS,

Docteur ès-lettres, professeur de rhétorique au Lycée Impérial, membre de la
Société académique des Hautes-Pyrénées et de la Savoie.

MESSIEURS,

Le plus illustre des souverains dont s'enorgueillissent, à bon
droit, les temps modernes, Napoléon Iᵉʳ, a dit quelque part,
dans ses mémoires intimes, éclair échappé à son génie : « Rien
« n'a autant contribué à former mon esprit que la lecture des
« grands hommes de Plutarque. » Une femme célèbre par le rôle
qu'elle soutint dans la Révolution, où elle aspirait à être chef
de parti, une femme plus tristement célèbre par sa fin déplora-
ble, madame Rolland, en faisait l'aliment de ses pensées, son
vade-mecum : Jeanne d'Albret, vous le savez, voulait qu'il
présidât à l'éducation de son fils, de cet Henri, le plus popu-
laire, comme le plus habile de nos rois.

Dans nos écoles, encore aujourd'hui, trois siècles après que
l'érudit Amyot a révélé, par sa traduction, le mérite de ces
livres fameux, le public lettré se plaît à les consulter, à leur
demander une direction et des modèles de conduite. Mais sans

aller chercher si loin des guides souvent trompeurs, des initia-
teurs quelquefois dangereux pour la jeunesse et même pour l'âge
mûr, à cause de l'instabilité de leurs doctrines ou de l'incerti-
tude de leurs principes, ne serait-il pas plus naturel de porter
ses regards plus près de soi, plus utile d'interroger la vie des
grands hommes dont nos mémoires et nos annales renferment
les belles actions.

Pour avoir vécu d'une vie plus conforme à la nôtre, pour
être plus rapprochés de nous, parce qu'ils sont moins favorisés
par l'éloignement, si propice aux fables, ou du moins aux récits
embellis par l'imagination, leur mérite en serait-il diminué,
leur importance compromise, l'intérêt qu'ils inspirent en
devrait-il être amoindri ?

Parmi les hommes que je voudrais opposer aux héros du
philosophe de Chéronée, il en est un trop longtemps oublié qui
me semble se recommander, à double titre, à l'attention publique, et par la position qu'il occupa auprès d'un de nos plus
aimés monarques, et par les talents qui le distinguèrent entre
tous les poètes et les historiens de la deuxième partie du XVIe
siècle ; à ces traits, vous avez reconnu Agrippa d'Aubigné.

Je viens donc aujourd'hui, Messieurs, après beaucoup d'autres,
j'en conviens (1), vous entretenir un moment d'un personnage
qui, tour à tour armé de l'épée et de la plume, défendit sa religion, la cause de son roi légitime, et surtout son indépendance,
ses convictions de chrétien et de gentilhomme, sans dévier, chose
rare en tout temps, de l'intégrité inflexible de ses principes ; à
ce titre seul, n'aurait-il pas droit à notre intérêt ?

Avant de faire ressortir les qualités et de signaler les défauts
qui caractérisent les ouvrages en vers et en prose d'un écrivain,
d'un concitoyen, auquel me rattachent même des liens plus
étroits (2), je crois qu'il est à-propos d'esquisser les principaux
incidents dont sa longue carrière fut parsemée : en replaçant
l'homme dans le milieu où il vécut, en appréciant ses actions,

(1) Prière aux personnes qui s'intéressent à ces études d'adresser à M.
des Francs, à Crémieu (Isère), toutes notes propres à les rectifier ou à les
compléter, il en sera reconnaissant.

(2) Marguerite d'Aubigné, parente d'Agrippa, épousa, en 1520, Jacques Des
Francs, seigneur de la Vrignaudière, en Poitou.

nous en déduirons plus aisément, j'espère, les motifs de louange ou de blâme que pourraient nous inspirer la connaissance et l'étude des nombreuses et diverses productions qu'il a transmises à notre critique ou à notre sympathique admiration.

Théodore-Agrippa d'Aubigné naquit, au milieu du XVIᵉ siècle, près de Pons en Saintonge, deux ans avant la naissance de cet Henri de Bourbon, dont il devait être un des plus fidèles compagnons : c'était au moment où durait encore la grande lutte entre Charles-Quint et François Iᵉʳ, où ce prince (plus spécieux que solide) pactisait d'une main avec les protestants d'Allemagne, tandis que de l'autre il signait un édit sanguinaire contre les réformés ; c'était le temps où Knox faisait entendre ses audacieuses prédications en Écosse, où enfin les opinions religieuses préoccupaient tous les esprits et agitaient tous les cœurs.

Son père, gentilhomme de souche angevine, chancelier au service du roi de Navarre, était à la fois un homme de vigoureux caractère, de solide instruction, et fort épris des idées nouvelles : comprenant toute l'influence que la culture supérieure des facultés de l'esprit peut exercer sur l'avenir de l'enfance, il ne négligea rien pour assurer à son jeune fils les bienfaits de l'éducation. Donc, il appela, successivement auprès de lui, deux précepteurs qui enseignèrent au jeune Agrippa, à la fois, les trois langues réputées, dès lors fondamentales, l'hébreu, le grec et le latin, types excellents des plus hautes civilisations qui aient jamais policé les hommes. Encouragé par ses progrès, il n'hésita pas à le conduire à Paris, en 1560, pour le confier à Brouart ou Béroald, neveu de Vatable, professeur au collége de France, savant distingué par son érudition. Est-il vrai que d'Aubigné, dès l'âge de sept ans, était en état de traduire les sublimes dialogues de Platon ? Nous ne croyons pas à un tel phénomène, mais il résulte de cette tradition, qu'elle soit fondée ou apocryphe, que le jeune écolier était du moins d'une rare précocité pour son âge.

Dans ses mémoires, il signale une parole de son père qui, en s'imprégnant profondément dans son esprit, influa fatalement sur la direction de ses pensées et sur tout son avenir : comme il traversait Amboise à cheval, le 16 mars 1560, trois jours après la découverte de la conjuration, qui avait pour but de soustraire aux catholiques l'éducation du jeune François .II. son père s'arrêta soudain, frémissant d'horreur ; puis, se tournant vers lui, et lui montrant du doigt les cadavres des gentilshommes ses amis, ses coréligionnaires encore pendus à la potence, par l'ordre de la cour et du cardinal de Lorraine : « Ils ont décapité « la France, les bourreaux ! s'écria-t-il; écoute, mon enfant, il « ne faut point épargner ta tête après la mienne pour venger « ces chefs pleins d'honneur ; si tu t'y épargnes, tu auras ma « malédiction. » Le jeune Agrippa en fit le serment ; on sait qu'il n'y fut que trop fidèle.

Il est facile, d'après ces paroles, de comprendre que d'Aubigné le père était instruit du complot, et qu'il était dévoué à la réforme ; s'étant jeté dans Orléans avec le prince de Condé, il appela son fils près de lui. L'enfant déploya une intrépidité au-dessus de son âge en se rendant de Paris dans cette ville, où il eut le chagrin de perdre son précepteur. Il nous apprend, avec une rare franchise qu'il encourut les réprimandes paternelles pour avoir abusé de la vie de garnison ; mais il s'en repentit, et fit amende honorable de ses fautes. Peu de temps après (en 1564), il eut le malheur, à peine âgé de 14 ans, de voir mourir son père, blessé pendant le siége. A défaut d'un brillant héritage, le gentilhomme lui laissait un nom sans tache, et l'exemple de sa vie à imiter ; avant de mourir, il l'appela près de son lit, et lui recommanda d'aimer trois choses par dessus tout : la *religion*, les *sciences*, la *vérité.* Cette recommandation Messieurs, ne dépeint-elle pas l'homme tout entier ?

Trop jeune encore pour embrasser une carrière, d'Aubigné fut envoyé à Genève, afin d'y achever ses études. Dès ce temps, cette capitale savante de la Suisse française occupait une haute place dans la science et brillait au second rang après Paris. C'était le rendez-vous des érudits. Il y passa deux ans, sous la haute direction du célèbre Théodore de Bèze : mais il faillit être dégoûté à jamais de l'étude par les exigences démesurées de ses précepteurs. Donc il prit Pindare et ses odes en aversion, et s'enfuit à Lyon, où il attendit, dans la détresse, les secours de sa famille. A son retour en Saintonge, il eut à lutter contre un tuteur inepte qui, faute de connaître ses aptitudes, prétendait plier cette nature ardente, impétueuse, aux calmes habitudes de la vie des champs ; mais le bruit de la guerre avait retenti aux oreilles et au cœur du jeune Agrippa, il n'aspirait qu'aux palpitantes émotions des combats. En vain, tous les soirs lui enlevait-on ses habits, de peur d'une évasion nocturne, il trompa son geôlier, s'échappa, presque sans être vêtu, de la maison paternelle, s'engagea dans une compagnie franche, payant ses railleurs de ces mots qui caractérisent son esprit : « Du moins « je n'accuserai pas la guerre de m'avoir dépouillé. »

Pendant quelques années, on le voit guerroyer contre les catholiques avec les protestants de l'ouest, s'accoutumant par un rude noviciat, tantôt sous Coligny, tantôt sous Condé, souvent seul, avec quelques compagnons, à ce dur métier de partisan, pour lequel il semblait être né. On le trouve encore en Saintonge, en 1570, à la tête d'une bande appelée les Enfants-Perdus : ce nom seul l'a fait connaître.

Parvenu à l'âge légal d'émancipation, il se rendit à Blois, afin d'y revendiquer l'héritage maternel qui lui était disputé : nouveau Démosthènes, quoique en proie à la fièvre, il plaida victorieusement à Orléans, devant les juges étonnés de son éloquence. Du moins c'est lui qui le prétend et le rapporte dans ses mémoires.

Une passion dont il s'éprit pour Diane Salviati, fille du sieur de Talcy, lui inspira ses premiers vers ; mais malgré son enthousiasme poétique, la modicité de sa fortune nuisit à sa recherche, et l'impétuosité de son caractère ne devait pas servir ses intérêts, sauf en une rencontre, où il fut obligé de fuir de Paris, à cause d'un duel, trois jours avant la St-Barthélemy. Cette fois, c'était jouer de bonheur.

Il rapporte dans ses mémoires un trait qui fait honneur à son désintéressement, et caractérise aussi les mœurs de ce temps-là : le sieur de Talcy, soit qu'il voulût éprouver sa discrétion, soit qu'il songeât à spéculer sur une vengeance, lui promit 10,000 écus, s'il consentait à lui livrer une correspondance de son père, qui compromettait le chancelier de L'Hôpital, et d'autres gentilshommes impliqués dans la conjuration d'Amboise. D'Aubigné apporta les papiers devant son tentateur, et les jeta au feu en sa présence, en ajoutant ces mots caractéristiques :

« Je les brûle, de peur d'en être brûlé. » De Talcy fut ému de cet acte de noblesse, il promit de lui donner la main de sa fille ; mais il en fut détourné par l'influence d'un parent qui abhorrait les Huguenots : la haine de religion lui ferma le cœur.

Jusques-là, la vie d'Agrippa ne se distingue pas grandement de l'existence du commun des hommes ; mais sa carrière allait entrer dans une phase nouvelle, déterminée par ses liaisons avec Henri de Béarn, devenu roi de Navarre.

Le jeune prince, à peu près du même âge que d'Aubigné, avait appris à l'estimer en voyant éclater sa valeur dans les guerres précédentes ; donc il l'attacha à sa personne, et l'appela près de lui à Paris. Le Béarnais s'y trouvait alors dans une position aussi critique qu'équivoque. Suspect d'hérésie, quoique beau-frère du roi, il était en quelque sorte gardé à vue, libre de mot, prisonnier de fait de la reine, sa belle-mère. Le temps, dans cette frivole cour des Valois s'usait en vaines distractions, en divertissements de Bas-Empire. D'Aubigné en prenait sa part, tantôt composant des vers pour les dames, même une tragédie qui fut jouée aux noces de Joyeuse, tantôt se distinguant dans les fêtes et tournois où s'amusait, comme l'insecte à l'approche de l'orage, cette cour misérable sans souci du lendemain. Mais d'Aubigné ne s'endormait pas au milieu des plaisirs.

Quoiqu'il se sentît surveillé par les espions de Catherine, il n'en était que plus attentif à épier les occasions de fuir. Grâce à son énergie, à sa pénétrante sagacité, il détermina et seconda l'évasion du roi de Navarre ; il l'accompagna à travers la Normandie et l'Anjou, jusqu'à Nérac, en Gascogne.

Ce fut alors que sa position acquit une véritable importance : fortement trempé par une solide éducation, fortifié dans la morale par la lecture habituelle de la Bible et des livres sacrés, d'Aubigné embusqué, comme un autre Argus, près de son maître se rehaussait auprès de lui, en surveillant sa maison, son honneur avec un soin jaloux, grandissait auprès de la postérité, en refusant de servir aveuglément ses passions.

Henri, qui toujours montra à son écuyer plus d'estime que d'affection, le récompensa de ses services en lui demandant des services nouveaux : il le chargea d'une mission de confiance ; car il ne s'agissait de rien moins que de disposer à une prise d'armes les provinces de l'Ouest, et de raviver partout les partisans de la réforme dont le roi de Navarre était le chef. A son retour, le négociateur dénigré par ses ennemis, ne rencontra que froideur, et n'obtint nulle rémunération de ses peines.

Outré de cet accueil, d'Aubigné après s'être plaint, non sans raison, de l'avarice de son maître, et lui avoir adressé en face des reproches sur son ingratitude, se retira à Castel-Jaloux.

Ce fut dans cette retraite, où l'avaient confiné forcément ses blessures (il en a constaté le nombre dans une lettre éloquente), qu'il composa le poème fameux *des Tragiques*, sur les persécutions des réformés. Après avoir écrit à Henri une lettre de congé, où respire l'amertume d'une âme justement offensée, il songea à quitter le service d'un roi qui le payait si mal et à offrir son épée aux princes protestants d'Allemagne. Qu'on ne s'étonne pas, Messieurs, de ce projet, parce que l'idée est aujourd'hui en dehors de nos mœurs, parce que notre patriotisme est plus exigeant ; qu'on ne juge pas d'Aubigné au point de vue du citoyen des républiques de l'antiquité, ce serait un anachronisme ; c'était alors une habitude de la noblesse d'aller servir l'étranger, lorsque les occasions de se signaler manquaient autour d'elle. A bien réfléchir, on y retrouverait un vieil usage de nos ancêtres Germains et Franks.

Cependant le roi de Navarre s'était repenti d'avoir laissé partir son rude compagnon d'armes ; d'ailleurs les députés des églises réformées et des synodes qui comprenaient la valeur d'un si dévoué capitaine, étaient intervenués en sa faveur ; il fut donc rappelé près de la petite cour de Nérac.

Bientôt Henri eut à lui confier une mission politique à laquelle il attachait une haute importance. Il le députa à la cour de France, afin d'en observer les dispositions et de ménager un rapprochement avec Henri III. En effet, ce prince, débordé par les Ligueurs, désirait se réconcilier avec le roi de Navarre pour échapper à la tyrannie des factieux. Mais d'Aubigné, plus audacieux sectaire que raffiné diplomate, n'était pas homme à sacrifier ses haines religieuses à une transaction qui eût blessé, sinon trahi les intérêts de son parti. Donc il repoussa les avances du duc d'Epernon. Aussi fut-il accueilli froidement par

* *
*

Henri à son retour ; mais il n'en tint compte, confiant dans l'appui des églises protestantes dont le roi avait besoin.

A la suite d'une assemblée des principaux réformés, on se résolut à la guerre. D'Aubigné, revenant à son premier rôle, fit, en Poitou, une brillante guerre de partisan, et s'empara de l'île d'Oléron, qu'il aurait voulu garder : mais le roi avait d'autres vues sur lui. Après l'avoir soumis à tant d'épreuves, comptant sur sa fidélité autant que sur sa bravoure, il l'attacha à sa personne, à titre d'écuyer ou d'aide-de-camp. Ce fut en cette qualité qu'il prit une part active à la bataille de Coutras, où il rendit d'utiles services.

La fortune du roi avait grandi, mais ses passions n'avaient pas décru. Peu soucieux de l'avenir, Henri songeait à épouser la comtesse de Guiche, ce qui l'eût amoindri dans l'opinion de son temps. D'Aubigné l'en dissuada, en alléguant des raisons si puissantes qu'elles convainquirent le prince et le déterminèrent à renoncer à son projet. Il promettait de n'y penser de deux ans, avec son caractère, c'était partie gagnée.

Malgré toutes ces missions et ses rapports de confiance avec Henri, d'Aubigné n'avait encore qu'une position équivoque et précaire : mécontent de son maître dont il imputait la pénurie à avarice, il résolut de se pourvoir lui-même. Sa carrière allait entrer désormais dans une troisième phase, presque voisine de l'indépendance.

En guerroyant dans le Bas-Poitou, aux alentours de la Rochelle et de Marans, d'Aubigné avait remarqué une place enfermée entre la Sèvre, l'Autise et des marais qui en formaient une sorte d'île, c'était Maillezais, une ancienne abbaye érigée naguère en évêché ; avec le coup d'œil de l'ingénieur, il en comprit l'importance. Voyant qu'elle était mal gardée par les catholiques, il l'enleva après avoir forcé Niort, et y mit garnison : il résolut d'en faire sa place d'armes ; il l'avait conquise, il en fut nommé gouverneur ; il devait y séjourner ou plutôt y régner pendant 32 ans. Engagé depuis l'âge de 15 ans, il comptait alors 22 années de service ; n'était-ce pas une récompense méritée ? Il espérait y goûter quelques repos, lorsqu'il fut appelé auprès du roi de Navarre, qui, en se rapprochant de Henri III, se rapprochait du trône de France. D'Aubigné se distingua dans cette campagne contre les Ligueurs, et assista aux siéges de Paris et de Rouen, où il fut nommé maréchal de camp. Alors c'était le Midi qui conquérait le Nord ; depuis, les choses ont bien changé.

La conversion de Henri IV, commandée, a-t-on dit, par les circonstances, allait creuser une profonde ligne de séparation entre ce prince et son ancien compagnon d'armes. Protestant convaincu, d'Aubigné dont l'austère probité domina toujours les intérêts, ne croyait pas à la sincérité de son maître ; s'il l'aimait encore, il l'estimait moins ; aussi lui fit-il la plus rude réplique, quand Henri se plaignit à lui de l'attentat de Châtel. Hélas ! il devinait l'avenir.....

Incapable de sacrifier ses convictions à sa fortune, et d'imiter une vénalité qu'il méprisait chez les autres, le fier d'Aubigné ne fut pas éloigné de ne voir dans Henri IV qu'un illustre corrupteur : mettant la religion au-dessous d'une politique sans principes, il résolut d'être fidèle à ses croyances, avant tout. Selon les uns, ce fut son erreur, selon d'autres, ce fut son honneur.

Vigoureux champion des églises réformées, plein de défiance contre Henri et ses ministres, il lutta avec une indéfectible énergie contre les commissaires royaux qui voulaient amener les protestants à renoncer à leurs places de sûreté. On connaît sa réponse au diplomate Du Fresne, étonné de sa liberté. Il en retira le nom de *Bouc du Désert.* — Où sommes-nous, s'écriait le courtisan ? Où les rats rongent le fer et s'émoussent les dents, répliqua d'Aubigné. Néanmoins, telle était sa renommée d'incorruptibilité, que, lorsque les hasards de la guerre eurent fait tomber aux mains des protestants, à Chinon, le roi de la Ligue, le cardinal de Bourbon, Henri IV, ne trouva personne à qui il voulût en confier la garde qu'à d'Aubigné : on sait que la duchesse de Raiz, qui connaissait l'importance de ce prisonnier, chercha à tenter la fidélité du gardien. La réponse ne se fit pas attendre. La voici : « Madame, vous m'offrez 200,000 écus ou « 50,000 avec le gouvernement de Belle-Ile, cette proposition « me conviendrait pour manger en paix le pain de mon infidé- « lité ; mais comme ma conscience me suivrait partout de très « près, elle s'embarquerait avec moi, lorsque je passerais dans

« cette île, et me causerait un perpétuel remords. —Partez, dit-
« il, à l'envoyé ; car sans votre sauf-conduit je vous enverrais
« au roi, mon maître, pieds et poings liés. » Où trouver mieux,
Messieurs, chez les héros si vantés de la Grèce et de Rome ?

Le caractère de d'Aubigné étant connu surtout après la longue expérience que Henri IV en avait faite, on ne conçoit pas
que ce prince ait pu se flatter de fléchir les convictions d'un
tel homme. Il s'imaginait qu'une conférence résoudrait toutes
les difficultés ; mais en vain commit-il l'évêque d'Evreux avec
Duplessis-Mornay et d'Aubigné, Duperron avait affaire à de
rudes jouteurs. La discussion s'anima à un tel point que le
controversiste en suait à grosses gouttes. Après quatre heures
d'un érudit tournoi, il dut renoncer à convaincre ses adversaires ; ce fut alors que d'Aubigné écrivit son traité, *de Dissidiis
Patrum*, et de Mornay, son ouvrage sur l'institution de l'Eucharis-
tie, à cette époque la religion était le premier intérêt, aujourd'hui
l'indifférence nous énerve et nous atrophie. — De retour en Poitou, d'Aubigné ne tarda pas à s'apercevoir qu'il était environné
d'espions, que tous ses pas étaient surveillés, observés, épiés,
sa vie même sourdement menacée, cessait d'être en sûreté dans
son propre pays. C'est alors, dit-on, qu'il résolut de se soustraire à cette existence semée de perplexités et d'angoisses, en
quittant la France, en fuyant le sol inhospitalier de sa patrie. Il
fit équiper en secret un vaisseau qu'il chargea de ses meubles ;
et quand le navire fut prêt et muni de son équipage et de tous
ses agrès, à l'embouchure de la Sèvre, en face de l'Océan, il
songea à passer en Angleterre, afin d'y trouver la liberté. Que
restait-il, en effet, à ce héros de l'indépendance, poursuivi sans
relâche par de vils agents ? Que lui restait-il, Messieurs, quand
les hommes l'abandonnaient, rien que l'Océan, les montagnes et
Dieu *(applaudissements)*. Mais l'heure de l'exil n'avait pas encore
sonné pour le compagnon d'Henri IV.

Au moment où d'Aubigné allait quitter la France et mettre à
la voile, une lettre autographe du roi le mandait à Paris :
n'ayant pu le convertir, Henri voulait le gagner ou l'intimider,
et surtout le faire renoncer à prêter son concours aux églises
réformées. Il savait tout ce qui s'y passait, il ne lui en avait
coûté, disait-il, que 500 écus pour acheter un espion titré. Quel

procédé et quel langage chez un roi ! Mais, que lui réplique
d'Aubigné ? écoutez, Messieurs, cette réponse et jugez : « J'aime
« mieux quitter votre royaume ou même perdre la vie, que de
« gagner vos bonnes grâces, en trahissant mes frères et com-
« pagnons. Mais, quoi qu'il arrive, je prierai toujours Dieu qu'il
« continue de vous favoriser de ses grâces et de sa protection. »

De quel côté, dites-moi, est le beau rôle ? qui du gentilhomme
ou du roi mérite ici notre estime et notre approbation ? Que
faut-il penser du caractère de Henri IV ? entre l'ancien aide-de-
camp et le monarque, il s'engage une lutte où celui-ci ne veut
pas avoir le dessous ; son idée fixe est de convertir d'Aubigné.
Par son ordre, le cardinal Duperron revient encore à la charge.
L'opiniâtre Huguenot persiste, argumente, s'échauffe à la lutte :
il s'escrime de la parole comme jadis de l'épée : « Qu'on ramène,
« dit-il, l'autorité du Pape à ce qu'elle était dans les quatre pre-
« miers siècles de l'Eglise. — Ce n'est pas assez, réplique le
« cardinal. — Soit, reprend d'Aubigné, je vous concède jusqu'au
« concile de Chalcédoine. » Son adversaire semblait embar-
rassé. « N'est-ce pas assez, fit le malin hérétique, j'y ajouterai
« volontiers deux siècles pour les épingles. » A la fin, Duperron
fatigué de la controverse s'oublia jusqu'à dire, prétend d'Au-
« bigné : « Eh bien ! il faudra conclure cette affaire, à Paris,
« si on ne peut la terminer à Rome. »

Le zèle religionnaire n'en continuait pas moins, malgré cet
infructueux rapprochement, à soutenir les intérêts des protestants dans les synodes du Poitou ; à aucun prix, il n'entendait
se dessaisir des places de sûreté, qui faisaient la plus certaine
garantie de la liberté de conscience, même après l'édit de Nantes.

Je vous le demande, Messieurs, en présence de la parole royale
tant de fois violée, avait-il tort de persister dans sa défiance ?
Irrité de cette attitude militante, à la persuasion le roi fit succéder
l'intimidation : un moment il songea à faire arrêter et enfermer
à la Bastille son ancien compagnon d'armes qu'il ne pouvait ni
gagner, ni convertir. Qui l'empêcha de suivre ce mauvais
dessein ? Il est à croire que ce fut l'intervention de Sully, qui
voulut à la fois ménager son coréligionnaire, et épargner à son
prince plus qu'une injustice, disons le mot, une flétrissure.

Des menaces, le roi passa aux caresses ; une pension justement due fut accordée à d'Aubigné, qu'il crut moins rebelle à la séduction. Devait-il l'envoyer en députation auprès des princes protestants d'Allemagne, pour servir à l'accomplissement de ses vastes projets, ou l'employer à titre d'amiral sur les côtes du Poitou, au cas où l'Espagne l'inquiéterait dans l'exécution de ses vues ? il s'arrêta à cette dernière idée.

En prenant congé de son ancien compagnon, il finit par ces mots significatifs qui dénotent, chez Henri IV, un entier et sincère retour aux doctrines catholiques : « D'Aubigné, ne vous « y trompez plus ; je tiens ma vie temporelle et spirituelle entre « les mains du Pape, que je reconnais pour véritable vicaire de « Dieu. »

Ce furent les dernières paroles qu'ils échangèrent, car peu de temps après, le roi expirait sous le poignard de Ravaillac.

Nous avons vu que ni les caresses, ni les menaces du roi n'avaient pu émouvoir, ni ébranler l'âme énergique de d'Aubigné. Privation de pension, espoir de récompense, tout avait été mis en œuvre, tout avait échoué contre sa résistance. En vain les plus habiles docteurs de l'Eglise romaine l'avaient-ils pris à partie ; leur zèle resta impuissant devant l'érudition, l'âpre dialectique, et sans doute aussi l'obstination du vieux huguenot ; l'intimidation n'avait pas mieux réussi. Le roi était donc, en fin de compte, vaincu par son sujet. Il eût pu en triompher par l'arbitraire ; mais outre que le tempérament des Français d'alors ne s'y prêtait guère, sans doute un reste d'amitié pour son ancien serviteur l'avait empêché de sévir contre lui. De quel crime, en effet, d'Aubigné était-il coupable, sinon de demeurer inébranlablement attaché à ses convictions ?

Mais après la mort du roi son ami, cette position si fièrement indépendante était bien difficile à soutenir. Pendant les dix années qui suivirent la fin de Henri IV, jusqu'à sa retraite à Genève, l'existence de d'Aubigné nous offre l'image d'une lutte perpétuelle contre le pouvoir royal qui le redoutait, l'observait, l'inquiétait, ne pouvant souffrir la noblesse de son attitude.

C'est un spectacle vraiment dramatique que de voir ce vieux capitaine, après avoir défendu si héroïquement son parti sur les champs de bataille, lutter, athlète infatigable, tantôt à Paris, dans les synodes en faveur des protestants, tantôt à l'extrémité

du Poitou, pour la possession d'un petit coin de terre où il s'était retranché. Député, à Paris, en 1610, avec le ministre Rivet (de St-Maixent), il refuse fièrement de s'agenouiller devant la régente et son conseil : en homme qui sent ce qu'il vaut, il bafoue et persiffle le courtisan Villeroy, un affranchi de Rome, un type renouvelé des Grecs du Bas-Empire. A l'assemblée de Saumur, il écrase, il foudroie de la fierté de ses paroles le duc de Bouillon, un Turenne, qui changeant de rôle engageait, mal à propos ou insidieusement, les protestants à se dessaisir de leurs places de sûreté et les exhortait à une avilissante résignation. « Oui, Monsieur, s'écrie d'Aubigné, dans son indi-
« gnation, la gloire du martyr ne peut se célébrer par trop de
« louanges : bienheureux sans mesure qui endure pour le Christ
« de s'exposer au martyre ; c'est le caractère d'un véritable et
« bon chrétien ! mais d'y exposer ses frères et de leur en faciliter
« la voie, c'est le caractère d'un traître et d'un bourreau !

Tandis que tous les autres autour de lui se laissant gagner, courbent leurs fronts et leurs cœurs sous la vénalité corruptrice, seul avec le duc de Rohan, il reste audacieusement sur la brè-che. Bien plus, il achète de ses deniers une petite île formée par la Sèvre et les marais, et y bâtit le fort du Doignon, en face du château de Maillé, en dépit du gouverneur de Niort, Sabran de Parabère. Retranché dans cette citadelle, il est fier comme un aigle dans son aire ; de là il plane sur la Rochelle, c'est un poste avancé qui couvre le boulevard des protestants de l'ouest ; de là il tient en échec ses ennemis. Cette héroïque existence frappe tout le monde d'un étonnement mêlé de res-pect : les églises réformées assemblées à Nîmes lui confèrent le titre de maréchal de camp, qu'il accepte. Et bientôt il accède à la ligue des princes de Condé, de Rohan et de Bouillon, contre les prétentions de la cour, contre la royauté.

Ici, Messieurs, un doute, un scrupule s'élève dans mon esprit, comme il s'est déjà sans doute élevé dans le vôtre : en admet-tant que d'Aubigné eût raison de se défier de la bonne foi d'une cour qui avait trop souvent violé sa parole, en admettant qu'il eût droit de réclamer des places de sûreté, otages et garantie de cette liberté de conscience, qu'il estimait le plus précieux des biens, était-il fondé à former une ligue contre le pouvoir royal, l'édit de Nantes continuant de subsister? N'est-ce pas le cas de remarquer ici que l'excès d'indépendance en religion conduit par une pente insensible à un état où chacun est maître, où chacun se croit en droit de décider sur tout, sans respect pour les lois établies, c'est-à-dire à l'anarchie ?

Aussi, après le traité de Loudun qu'il qualifie si durement, devint-il l'objet d'une surveillance continue. Embusqué sur les bords de la Sèvre, il couvrait les abords de la Rochelle, métropole du protestantisme français, dont l'ambitieux, mais clairvoyant évêque de Luçon (qui depuis fut le cardinal de Richelieu) avait déjà médité la soumission ou la ruine. Il fallait supprimer cet obstacle. Pendant deux ans le gouverneur du Poitou et Sourdis (évêque de Maillezais) enlacent d'Aubigné dans le réseau de leurs intrigues : il est harcelé, obsédé, circonvenu de toutes parts ; on ameute, on suborne, on aposte contre lui, jusqu'à son indigne fils, Constant. On lui offre 200,000 francs des deux forteresses élevées par lui, s'il veut consentir à les vendre ; s'il s'y refuse, d'Epernon et Villeroy, ses adversaires, menacent d'employer la force. Semblable au sanglier acculé contre un rocher, il tient tête à la meute de ses ennemis, il les brave et les défie. Nouveau César, il trouve même le temps de travailler à ses *mémoires*.

Mais toute résistance a un terme. Que peut un seul contre tous? d'Aubigné sentant que la lutte devenait trop inégale, songea à la retraite. Après en avoir conféré avec le duc de Rohan, l'héroïque vieillard consentit à lui remettre ses deux citadelles, pour un prix inférieur à l'offre des catholiques.

Alors il se retira à St-Jean d'Angély, en Saintonge, où il acheva sa grande histoire commencée au désert, c'est-à-dire au château de Maillé, en Poitou ; mais à peine l'avait-il imprimé avec des ouvriers qu'il dirigeait en secret, que le Parlement de Paris, aveuglé par l'esprit de parti, ou poussé par le vil désir de complaire à la cour, condamnait son ouvrage au feu. Ses livres devaient être brûlés par la main du bourreau dans la cour du collége de France (1).

(1) Legimus, quum Aruleno Rustico Pœtus Thrasea, Herennio Senecioni Priscus Helvidius laudati essent, *capitale* fuisse : neque in ipsos modo auctores, sed in libros quoque eorum sævitum, delegato triumviris ministerio ut monumenta clarissimorum ingeniorum in comitio ac foro *urerentur*. (Tacite, vie d'Agricola. C. II.)

Ceci, Messieurs, remarquez-le bien, se passait près de deux siècles après l'invention de l'imprimerie, 150 ans après que la première Bible en langue vulgaire avait paru dans notre pays. Jugez du progrès des idées et des mœurs à cette époque d'intolérance. Ainsi mis à l'index, on conçoit combien la position de d'Aubigné était critique, on conçoit que ses ennemis n'attendaient qu'une occasion pour le perdre ou lui ravir sa liberté. La prise d'armes du duc de Rohan dont la régence abusive de Marie de Médicis était le prétexte, mais qui, en réalité, tendait à renverser le crédit naissant de Richelieu, fournit bientôt le prétexte qu'on cherchait. Quoique d'Aubigné eût improuvé, comme une folie, la guerre qui finit par la bataille des Ponts-de-Cé, il ne crut pas pouvoir se dispenser de soutenir, dans sa détresse, le chef des protestants, le duc de Rohan. On lui en fit un crime, il se vit de nouveau entouré, épié, menacé d'être arrêté. Désormais il ne lui restait plus d'autres ressources que de s'avilir en abandonnant ses coréligionnaires ou de quitter la France. Entre ces deux partis, il ne pouvait hésiter ; malgré sa vieillesse il se décida à s'expatrier.

Jusqu'à présent, Messieurs, on ne peut nier, à quelque croyance qu'on appartienne, quelle que soit l'opinion qu'on ait adoptée, qu'un grand intérêt ne s'attache à la personne de d'Aubigné, et au rôle qu'il soutient avec tant d'énergie. Serviteur ou plutôt compagnon mal récompensé d'un roi trop peu généreux, il n'a fait aucune concession à ses intérêts, aucune à son avancement, comme on dirait aujourd'hui, en ce siècle de grande cupidité et de petite ambition ; il n'a eu pour loi que de bien servir la cause de son maître : mais quand ce maître devenu le puissant roi de France, a changé de communion pour un trône, lui seul est demeuré le même au milieu de la conversion générale ; lui seul est resté immobile, inébranlable en ses convictions au milieu de la mobilité, de la versatilité de tous. Dans un autre temps, chez un autre peuple, une place supérieure eût été réservée à un si haut caractère, on l'eût admiré, on lui eût érigé des statues ; mais l'ignorance et le fanatisme ont-ils jamais connu la justice et respecté une vérité dont l'austérité les condamne ? Pour moi, sans vouloir rechercher s'il convenait que d'Aubigné s'exposât à subir la prison ou le martyre, plutôt que de quitter

****

un pays où il ne trouvait sous ses pas que périls, menaces, ostracisme et injustice, au lieu de la sécurité, des honneurs et des récompenses qu'il était en droit d'attendre, je ne puis, je l'avoue, m'empêcher de prendre en pitié .ses détracteurs et d'admirer sa résolution.

Le voyez-vous, Messieurs, cet héroïque vieillard, malgré le poids de ses 70 ans, accompagné seulement de quelques cavaliers, bravant les sbires lancés à sa poursuite ? Toute la largeur de la France le sépare de ce pays, petit par l'étendue, il est vrai, mais grand par la liberté, où il va chercher un refuge. En huit jours, monté sur le même cheval, il a traversé le Poitou, le Berry, la Bourgogne, enfin il arrive à Genève ; enfin, il est libre, il reçoit un accueil triomphal dans cette métropole de la Suisse indépendante.

Il devait y passer les dix dernières années de sa vie. Désormais sa carrière politique semblait terminée ; il ne lui restait plus qu'à écrire en paix ses mémoires, sans crainte de la hache ou de la potence si prodiguée en ce temps-là. Heureux, s'il eût su se contenter d'un honorable repos ! heureux s'il se fût borné à faire rougir son pays de son ingratitude ! Mais il ne devait pas en être ainsi. Dévoré d'une brûlante activité, d'Aubigné devint ingénieur, après avoir été capitaine : on le voit relever les fortifications de sa patrie adoptive, ainsi que celles des villes suisses de Berne et de Bâle, dont il passe en revue les belles milices, au nombre de 48,000 hommes. La religion ou plutôt l'esprit de parti allait lui faire oublier sa première patrie, le berceau de ses jeunes années et le rendre infidèle à ses premiers devoirs, à ses plus saintes obligations.

Combien il est affligeant de voir cette grande âme dévier de la droite ligne, en se faisant l'agent des Rochelois auprès des princes protestants d'Allemagne ! voulait-il donc introduire de nouveau dans son pays ces reitres et ces lansquenets contre lesquels il avait, dans sa jeunesse, fulminé de si brûlants anathèmes !

D'ailleurs, c'était un anachronisme ; si, lorsqu'un gouvernement, sans pudeur, ni principes, employait la trahison contre ses propres sujets pour asservir leur conscience, il était juste de protester ; si alors il était légitime de se défendre contre la perfidie, et d'implorer le secours de l'étranger, en un temps où subsistait encore un édit protecteur, n'était-ce pas un crime ou du moins une étonnante aberration que d'aller demander aux ennemis de la France des garanties contre le pouvoir établi et reconnu de la majorité des citoyens?

Par cette conduite qui montre combien la notion vraie du patriotisme était encore obscure ou méconnue dans notre pays, comment d'Aubigné ne sentait-il pas qu'il se créait une position fausse, équivoque et qu'il s'enlevait le droit de se plaindre des persécutions de ses ennemis?

Sans doute il est pitoyable et honteux qu'un ambassadeur français se soit abaissé jusqu'à demander l'expulsion de ce vieillard d'un territoire neutre ; sans doute il est plus pitoyable, plus honteux encore que le Parlement de Paris ait poussé la bassesse et la méconnaissance de la justice jusqu'à condamner à mort pour la 4ᵉ fois, le compagnon septuagénaire de Henri IV : on ne peut voir dans cette aveugle fureur qu'une réminiscence d'un fanatisme payen, heureusement loin de nous. Du reste, l'intrépide sectaire s'émut si peu de cet arrêt d'une ineptie féroce, qu'il y répondit par un second mariage. Il avait rencontré à Genève une femme digne des âges antiques, puisqu'elle n'ignorait pas quels dangers elle courait en associant son sort à celui d'un proscrit.

La haine de la cour de France contre d'Aubigné fut encore redoublée par la publication de son histoire, qu'il n'était plus obligé cette fois de faire imprimer *au désert*. La Suisse et l'Allemagne lui ouvraient à l'envi leurs presses. Le voile de la vérité que l'historien protestant, austère comme un stoïcien, et malicieux comme un Français, levait si impitoyablement, sur les faits récemment accomplis, effrayait les âmes vénales et corrompues qui fourmillaient alors à Paris. D'Epernon, Sourdis et leurs amis en rugissaient de fureur. Ils voulaient la tête du nouveau Procope.

Est-il vrai qu'ils aient eu l'ordre secret de l'assassiner? Ce fait est possible, des juges du Parlement ne voulaient-ils pas le brûler.. .. Mais, il est incertain, en l'absence de preuves évidentes : accordons aux agents de Louis XIII le bénéfice des circonstances atténuantes.

Quelques années auparavant, d'Aubigné avait consenti à s'entendre avec les princes protestants Mansfeld et Weimar, pour agir en France en faveur de son parti ; mais la réflexion l'éclairant, il avait renoncé à ce projet.

Fatigué d'être en butte à d'incessantes obsessions, voyant ses vieux jours empoisonnés par l'indigne conduite de son fils Constant, renégat et traître à la religion et aux intérêts de son père, le vieillard octogénaire, comme autrefois Annibal, songeait à aller chercher un asile plus sûr pour ses vieux jours dans la libre Angleterre. Il voulait s'embarquer pour ce grand pays, cette noble terre, où l'on connaît où l'on pratique plus qu'ailleurs le respect des lois et des personnes ; mais il lui en coûtait d'abandonner sa seconde patrie, il hésitait à s'éloigner d'une cité hospitalière qui pouvait encore réclamer son bras et ses conseils, contre ses ennemis ameutés : il hésitait à partir, quand la mort vint le frapper, le 9 mai 1630, à l'âge de 80 ans, lui ouvrant ainsi dans la tombe, un repos qu'il n'avait jamais su ou pu rencontrer sur la terre.

A cette notice déjà longue peut-être, mais que votre bienveillante attention me semble avoir abrégée et raccourcie, permettez-moi, Messieurs, d'ajouter encore un souvenir. Ce sera le dernier.

Il y a quelques années, un voyageur, un touriste, si vous voulez, jaloux de visiter les pays récemment annexés à la France par la valeur de nos soldats, se détourna vers Genève. Il désirait visiter la reine et la métropole de l'Est : il voulait connaître les collections précieuses, les trésors chers à l'érudition que renferme cette ville si justement célèbre par le génie de ses habitants. Après avoir retrouvé, non sans émotion, dans ses dépôts savants, libéralement ouverts à sa curiosité, des traces du passage à travers ce pays, de tant de Français réduits à chercher, au pied de ces montagnes, un asile inviolable aux persécuteurs de la pensée, il se dirigea méditatif et silencieux vers le haut de la cité ; là sur un plateau, sur la croupe de la colline où la ville est assise, se dresse un édifice religieux qui a traversé bien des fortunes diverses ; l'antique cathédrale de Genève, aujourd'hui temple St-Pierre (elle a retenu ce nom), renfermait, lui avait-on dit, entr'autres monuments le tombeau d'Agrippa d'Aubigné.

En compagnie de l'édituaire de ce lieu (car fermé aux profanes, il ne peut être ouvert que par un porte-clefs autorisé), le Français promenait un regard curieux sur cette importante basilique que décore sa propre majesté : à droite, il remarqua d'abord un splendide mausolée consacré au dernier chef des protestants, au duc de Rohan : partout sous ses pas, à mesure qu'il s'avançait, les dalles, lustrées par la lumière et les soins du gardien, laissaient ressortir encore intactes les épitaphes des anciens évêques et princes de la cité genevoise. Déjà il avait parcouru le temple, presque dans toute sa longueur, sans y découvrir ce qu'il cherchait. Alors étonné, inquiet, il s'adresse à son guide, qui le suivait impassible et muet : « Où donc est « placé le tombeau de d'Aubigné, je ne l'aperçois nulle part? — « Le voici, » lui répondit le genevois, en indiquant du doigt une plaque de marbre noir incrustée dans la muraille. Et il se tut. Ma surprise redoubla à cette réponse car ce voyageur, c'était moi, Messieurs, votre sagacité l'avait déjà deviné) ; je restai ébahi, stupéfait, en lisant une inscription bizarre, écrite en un latin suspect et plus bizarre encore. Indigné, je m'éloignai, au sortir de ce lieu glacial comme un sépulcre, je me rendis à la bibliothèque et pendant qu'on recherchait l'original du testament de notre compatriote qui y fut déposé ; interpellant un érudit genevois que j'y avais rencontré : « Comment se fait-il, Mon- « sieur, que la ville de Genève se soit montrée si mesquine « dans les honneurs posthumes si justement dus à un des cory- « phées de votre parti? — C'est, me dit-il avec une rudesse « républicaine, que le Conseil avait à se plaindre de l'esprit « dominateur de votre compatriote. — Et vous vous êtes vengé « en affublant ses restes d'une inscription ridicule, dans un « lieu où devraient s'éteindre les passions qui troublent la « vie! — Que vouliez-vous donc qu'on inscrivit sur la tombe « de d'Aubigné, fit mon interlocuteur? — L'épitaphe d'un tel « homme, Monsieur, était facile à trouver, lui répliquai-je, elle « réclamait peu de mots, la voici : CI-GIT QUI AIDA UN ROI A « CONQUÉRIR SON TRÔNE, ET MOURUT DANS L'EXIL POUR AVOIR « PRÉFÉRÉ SA CONSCIENCE A L'ARGENT. » (*Applaudissements.*)

Le Genevois confus, rougit et se tut : il avait compris que sa patrie avait tort. Pourtant l'inscription n'a pas changé, elle occupe encore la même place. Y restera-t-elle toujours ?

D'AUBIGNÉ POÈTE

Maintenant que nous avons pu apprécier l'homme et son caractère, d'après ses actions, reste à juger d'après ses écrits, les mérites et les défauts du poète et de l'historien.

Vous venez d'entendre, Messieurs, comment se passa la vie de l'auteur dont j'ai l'honneur de vous entretenir ici, à quels périls il fut en butte, de quels orages il fut assailli, à quelles épreuves il eut à résister : après avoir été témoin de la vie austère dont sa famille et ses précepteurs lui donnaient l'exemple ; après avoir vécu de la vie du cœur et plus encore de celle de l'esprit, soudain, dès sa jeunesse, il se vit précipité dans l'existence tumultueuse des camps, enveloppé dans le tourbillon d'une cour dissolue. Son âme noble et fière, à la fois sensible et vigoureuse, en reçut de profondes impressions. Mais le souvenir de son père, soutenu et ravivé par la méditation de la Bible, opéra en lui une si puissante réaction, que son cœur, loin d'en être vicié, s'y retrempa ; que ses mœurs, loin d'en être dépravées, s'y fortifièrent par la répugnance du mal et l'attraction du bien ; donc, il sentit en lui le besoin de protester, comme Juvénal, soulevé par les turpitudes de son siècle : l'indignation le fit poète. C'est en effet au sentiment de révolte d'un cœur honnête contre l'impudence du vice, de haine contre la persécution abritée sous le masque d'une religion méconnue, que nous devons les tragiques d'Agrippa d'Aubigné.

Qu'est-ce donc que ce poème dont notre époque, grâce à son génie investigateur, s'est plus préoccupée que n'ont fait les deux siècles précédents ? Mérite-t-il d'être voué à l'oubli où il a été si longtemps relégué, où bien est-il digne d'une réhabilitation absolue ? N'est-il qu'une satire religieuse et politique, comme le pensent quelques critiques, ou bien faut-il y voir, selon une autre opinion, un écho de l'esprit religieux, qui jadis inspira le Dante, un avant-coureur de l'inspiration biblique qui, plus tard, féconda le génie de Milton, et par conséquent la plus haute expression qu'ait revêtue la poésie au XVIe siècle ?

Commençons par déclarer que si ce poème ne nous paraît pas digne d'une apothéose, s'il n'atteint ni à la sublimité de Corneille, ni à la correction de Racine, il n'est pas non plus indigne de fixer notre attention. Si les faits qu'il retrace n'étaient empreints de l'accent de la vérité, si la verve qui y respire n'avait le don d'émouvoir encore aujourd'hui les âmes énergiques ; offensé de la passion qui, presque toujours y éclate ; choqué de la dureté d'une versification trop souvent raboteuse, nous eussions d'abord fermé le livre. Mais, en le comparant à la poésie contemporaine, d'ordinaire puérile et sans haleine, nous y saisissons de tels contrastes, nous y sentons de si mâles accents, nous y surprenons une peinture si vive des mœurs du siècle, nous y découvrons un tel type d'originalité, qu'il nous est impossible de ne pas reconnaître en d'Aubigné le premier poète, non pas de notre pays, mais de son époque.

On sait à quelle occasion fut composé le poème qui porte pour titre singulier : *Les Tragiques,* imprimé au désert par le larcin de Prométhée. D'Aubigné était retenu, à Castel-Jaloux, près de Nérac, malade des blessures reçues au service du roi de Navarre. Pendant ce repos forcé, tous ses souvenirs, ravivés par la fièvre, se présentèrent en foule à son imagination, car déjà il avait beaucoup vu et beaucoup agi, quoiqu'il n'eût guère que vingt-cinq ans.

Les tristes règnes de François II et de Charles IX l'avaient eu pour témoin de leurs bassesses et de leurs hontes. Il avait connu et fréquenté l'Italienne Catherine de Médicis, dont la duplicité lui inspira une profonde aversion, vu de près les Guises et deviné les projets de cette famille ambitieuse. Il avait, en quinze ans, assisté à six guerres civiles, suivies de traités trompeurs, presque aussitôt violés que conclus ; enfin, autour de lui, l'Europe entière s'agitait, sans qu'on pût prévoir quelle serait l'issue d'un immense duel, dont l'enjeu valait plus qu'un trône, plus qu'un royaume, car il s'agissait du premier des biens, de la liberté de conscience.

Qu'on se représente en quelle situation d'esprit devait se trouver un homme aussi hardi que convaincu, un soldat intrépide, dont le père avait péri pour la défense de ses idées religieuses, un gentilhomme qui avait échappé par miracle à la St-Barthélemy ; quelles pensées mêlées de haine, de regrets et de vengeance devaient s'accumuler dans son âme, en proie à de tel souvenirs ! Quels éclairs électrisaient son esprit, quels tressaillements l'agitaient lorsqu'il comparait ces jours heureux des règnes passés, où florissaient la justice, l'honneur, la probité, avec ces jours sinistres, lugubres, où la fatale influence d'une femme perverse avait remplacé les modestes vertus d'autrefois par l'injustice, l'hypocrisie, la persécution ! Quand, après une lecture de la Bible, au sortir du prêche, il entendait raconter l'agonie d'une victime livrée aux fers, au feu, au bourreau, sans qu'aucune protestation d'une âme vraiment évangélique vint tempérer la rigueur payenne d'atroces condamnations, qu'on se figure alors quelle explosion de fureur, longtemps concentrée, s'échappait à flots de ce cœur enthousiaste ?

Adieu alors aux idylles, adieu aux vers érotiques, il lui faut un chant qui passionne, comme le clairon des batailles, il lui faut un vers qui morde comme l'hexamètre de Juvénal, un drame sombre comme l'enfer du Dante.

Telle est l'origine de la naissance et l'explication des *Tragiques*. C'est le bouillonnement, l'éruption d'une âme indignée qui jaillit en mètres durs, parfois gracieux, en accords vibrants, énergiques, parfois jusqu'au sublime. C'est un vaste bûcher d'où jaillissent d'abord des torrents de fumée, des milliers d'étincelles, puis des gerbes de flamme qui projètent au loin, et par intermittence, des lueurs rougeâtres, des reflets brillants ou sinistres dont l'œil est ébloui, dont le cœur reste saisi, partagé pour ainsi dire, entre l'admiration et l'épouvante.

Cet étrange poème est précédé d'une préface où l'auteur prédit à son livre une rude destinée ; mais il ne s'en émeut pas davan-

tage et poursuit son but sans détourner les yeux : voici quelques
vers de la préface :

> Sois hardi, ne te cache point,
> Entre chez les rois mal en point ;
> Que la pauvreté de ta robe
> Ne te fasse ni honte, ni peur,
> Ne te diminue ou desrobe
> La suffisance ni le cœur.
> Porte, comme au sénat romain,
> L'avis et l'habit du vilain,
> Qui vint du Danube sauvage,
> Et montre hideux, effronté,
> De la façon, non du langage,
> La malplaisante vérité.
> Ta tranche n'a or, ni couleur ;
> Ta couverture sans valeur,
> Perd et, s'il y a quelque joie,
> Aux bons la trouver au-dedans ;
> Aux autres, fâcheux je l'envoie,
> Pour leur faire grincer les dents.
> Pauvre enfant, comment parais-tu
> Pare de ta seule vertu !
> Car, pour une âme favorable,
> Cent te condamneront au feu ;
> Mais c'est ton but invariable,
> De plaire aux bons, et plaire à peu.

Ce poème est divisé en sept chants dont voici les singuliers
titres. Veuillez, Messieurs, les retenir en votre mémoire : les
Misères, les Princes, la Chambre dorée (ou plutôt ardente), les
Feux, les Fers, les Vengeances, le Jugement.

Il forme un ouvrage qui tient le milieu entre l'épopée et le
drame. L'auteur débute en flétrissant ceux qui poussent aux
guerres civiles, quels qu'ils soient, rois ou prêtres ; nobles ou
soldats ; il stygmatise ceux qui vivent aux dépens des autres,
courtisans, financiers, gens de justice et de chicane. Son pinceau
est prodigue de couleurs pour dépeindre les malheurs publics ;
rien de pire que la désolation de la patrie, surtout quand l'é-
tranger s'y introduit ; les pauvres laboureurs payent pour tou

le monde ; les soldats, devenus des gladiateurs s'en réjouissent ;
les hypocrites profitent du désordre de la société pour s'empa-
rer du pouvoir, et cimenter leur despotisme. Le poète finit ce
premier chant par une apostrophe vraiment biblique, par une
prière échappée du cœur. Vous allez, Messieurs, en juger, écoutez la citation :

> ....,... ô Dieu !
> Veux-tu longtemps laisser en cette terre ronde
> Régner ton ennemi ? N'es-tu seigneur du monde,
> Toi, seigneur, qui abats, qui blesses, qui guéris,
> Qui donnes vie et mort, qui tues et qui nourris ?
> Les princes n'ont point d'yeux pour voir ces grand'merveilles
> Quand tu voudras tonner n'auront-ils point d'oreilles !
>
> . . . .
>
> Les temples du payen, du Turc, de l'idolâtre,
> Haussent devers le ciel et le marbre et l'albâtre,
> Et Dieu seul, au désert pauvrement hébergé,
> A basti tout le monde et n'y est pas logé !
> Les moineaux ont leurs nids, leurs nids les hirondelles,
> On dresse quelque fuye aux simples colombelles,
> Tout est mis à l'abri par le soin des mortels,
> Et Dieu seul immortel, n'a logis ni autel.
> Tel est en cet état le tableau de l'Église ;
> Elle a les fers aux pieds, sur la géhenne assise,
> A sa gorge la corde et le fer inhumain,
> Un psaume dans la bouche et un luth en la main.

Je ne sais, Messieurs, si je m'abuse, mais en lisant ces vers,
dont je reconnais les défauts, ainsi que les beautés, je ne puis
m'empêcher d'y trouver une ressemblance et comme une sorte
de parenté avec la poésie de notre grand Corneille.

Le deuxième chant, moins dramatique que le premier, paraît
se rapprocher de la satire : l'invective y domine ; on croirait
entendre Juvénal, de son fouet vengeur fustiger les turpitudes
de son temps, ou Pétrone flétrir la cour des Néron et des
Domitien. Les flatteurs, les ligueurs, les hypocrites, toutes gens
qui se ressemblent, éprouvent les coups de sa verve impitoya-
ble : les infamies de Henri III et de ses mignons y sont saisies,
dévoilées, burinées de main de maître ; il termine ses brûlantes

apostrophes, en exhortant l'homme de bien à fuir la cour, s'il ne veut pas s'exposer à périr avec elle, comme l'impie qui, parfois, est foudroyé avec l'arbre sous lequel il s'était réfugié un jour d'orage.

Ecoutez, Messieurs, la fin de ce chant ; vous jugerez mieux quel trésor de poésie récelait le cœur de d'Aubigné :

> . . . . Fuyez. . . . .
> N'ensevelissez pas vos âmes innocentes
> Avec ces réprouvés : car combien que vos yeux
> Ne froncent le sourcil encontre les hauts cieux,
> Combien qu'avec les rois vous ne hochiez la tête
> Contre le ciel ému, armé de la tempête,
> Parce que des tyrans le support vous tirez,
> Parce qu'ils sont de vous comme dieux adorés,
> Lorsqu'ils veulent au pauvre et au juste méfaire,
> Vous êtes compagnons du méfait pour vous taire.
> Lorsque le fils de Dieu, vengeur de son mépris
> Viendra pour vendanger de ces rois les esprits,
> De sa verge de fer brisant, épouvantable,
> Ces petits dieux enflés en la terre habitable,
> Vous y serez compris. . . . .
> . . . . Comme lorsque l'éclat
> D'un foudre exterminant vient renverser à plat
> Les chênes résistants et les cèdres superbes,
> Vous verrez là-dessous les plus petites herbes,
> La fleur qui craint le vent, le naissant arbrisseau,
> En son nid l'escureuil, en son aire l'oiseau,
> Sous ce dais qui changeait les grêles en rosées,
> La bauge du sanglier, du cerf les reposées
> La ruche de l'abeille et la loge au berger,
> Avoir eu part à l'ombre, avoir part au danger.

Le troisième chant m'a toujours paru le meilleur de ce poème. Là, le poète, tout plein de la lecture des livres sacrés, semblable aux prophètes qui, remplis d'un zèle ardent, rappelaient au culte de la loi. les rois infidèles, sans souci de leur vie, le poète esquisse une peinture de la majesté divine au-dessus de tout éloge. On pourrait en retrouver plus d'une réminiscence dans l'*Athalie* et l'*Esther* de Racine.

La justice, dit-il, est altérée en France, les juges sont des pré-
varicateurs que Dieu jugera à son tour ; un jour viendra où ils
apparaîtront, eux aussi, devant le suprême tribunal : puis le
poète, exalté jusqu'à l'enthousiasme, dépeint le bonheur des mar-
tyrs qui ont souffert pour leur foi. Devaient-ils ne trouver dans
leurs juges que des persécuteurs ! Que sont devenues les fran-
chises des anciennes lois ? Pourquoi faut-il qu'on soit réduit à
envier les lois des nations étrangères ? Ce chant se termine par
une apostrophe aux mauvais juges :

> Eh bien ! vous, conseillers des grandes compagnies,
> Fils d'Adam qui vous jouez et des biens et des vies.
> Dites vrai, c'est à Dieu que compte vous rendrez,
> Rendez-vous la justice ou si vous la vendez ?
> Plustôt, âmes sans foi, parjures, déloyales,
> Vos balances, qui sont balances inégales,
> Pervertissent la terre et versent aux humains
> Violence et ruine, ouvrage de vos mains.

Ne sentez-vous pas, Messieurs, circuler dans ces vers la
flamme de la Némésis vengeresse, et comme un souffle avant-
coureur des ïambes d'un poète justement célèbre de nos jours ?

Sans prétendre ici justifier toutes les idées de d'Aubigné, car
il dépasse trop souvent la mesure, j'en conviens, on ne peut
s'empêcher de reconnaître qu'il était bien près de la vérité,
lorsqu'il se plaignait de l'intolérance de son époque, de la cor-
ruption qui infectait la cour et les grands, quand il attaquait la
constitution si défectueuse qui régissait alors la France. Avait-
il donc tort quand il flétrissait de ses invectives la bassesse
cruelle des agents de l'Eglise et du Pouvoir. L'esprit italien et
l'atrocité des guerres civiles avaient alors fait rétrograder notre
pays jusqu'aux plus mauvais temps du paganisme et du Bas-
Empire. Donc, jusqu'ici, le poète trouve, dans les malheurs des
circonstances où il vécut, une excuse à ses virulentes hyperbo-
les ; mais il est une limite où doit s'arrêter, comme dit excel-
lemment Labruyère, un homme né Français et chrétien ; je
n'essaierai d'amnistier ni les exagérations, ni les déclamations
outrées qui déparent les quatre derniers chants des Tragiques.

D'Aubigné, faute de mesure, n'est plus dès lors pour moi,

Messieurs, un écrivain, un véritable poète, pas même, un puritain enthousiaste ; non, il n'est plus, à mes yeux, qu'un sectaire haineux, qui se sert de la poésie comme d'un instrument pour servir de véhicule plus rapide à d'odieuses invectives.

Tantôt il reprend, pour ainsi parler, jusques dans son origine, l'histoire des hérétiques, Vaudois, Albigeois et autres ; rien n'y manque que l'éloge d'Arius ; tantôt il expose toutes les légendes huguenotes plus ou moins authentiques, y compris le supplice de Jane Grey, qu'on ne s'attendait guère à y rencontrer : il va même, ô manie du prosélytisme ! jusqu'à y insérer un sermon protestant d'un auteur inconnu qu'il appelle Montalchine.

Çà et là, on rencontre, il faut l'avouer, quelques vers dignes de Corneille, mais ce sont des paillettes dorées que roule un torrent fangeux ; malgré soi, en avançant dans cette étrange lecture, on se dit : mais quel est donc ce dieu, toujours armé de colère et de foudre que nous dépeint d'Aubigné? Non, je ne reconnais pas là le Dieu triple et un qu'adore le vrai chrétien sous le symbole de la force, de l'intelligence et de l'amour; non ce n'est pas là le Dieu de l'Evangile, ce n'est qu'un Dieu vu de profil, c'est le Jéhovah des Juifs et de la Bible.

Ce qui me confirme dans l'idée que l'auteur des Tragiques a oublié l'Evangile pour le code de la loi mosaïque, c'est qu'il ne fait allusion qu'à la Bible Ainsi, au début du cinquième chant, on croirait lire une scène du *Paradis perdu* de Milton, ou mieux du livre de Job. Là, le poète établit un dialogue entre Dieu et Satan, puis il revient à ses éternelles rancunes ; il nous dépeint les préludes et les suites d'une journée tristement célèbre dans nos Annales.

A ce propos, il fulmine de nouveaux anathèmes contre Henri III et les jésuites, complices, selon lui, des persécutions ; ses invectives continuent et redoublent dans le sixième chant, où il tonne contre les vices du siècle et imprime à Catherine de Médicis une nouvelle et trop méritée flétrissure. Mais le poète aveuglé par la haine de sectaire, ne sait plus se maîtriser, c'est un coursier vagabond et sans mors, que rien n'a le pouvoir d'arrêter. Ainsi, il fait une nouvelle incursion dans l'histoire, et cette fois, après les persécuteurs catholiques, ce sont les Em-

pereurs romains qui ont à supporter l'éclat de ses foudres et de
ses colères. On sait quel rôle jouèrent dans les persécutions,
contre les premiers chrétiens, les ignobles descendants des
Césars, les méprisables élus des Prétoriens.

Mais que viennent faire ici les empereurs ? Cette digression
était oiseuse ; il eût fallu la retrancher. Le poète s'en souvient,
mais un peu tard. Une invocation à Dieu, morceau d'un beau
lyrisme, ouvre le septième chant. L'auteur y mêle tous les rôles
et tous les tons : tantôt poète lyrique, tantôt satirique, quelquefois même théologien, peu correct, mais toujours dramatique. Il
rappelle à la fois Juvénal et le Dante, Racine et les prophètes.
Il y a telle pensée qui s'appliquerait avec une étonnante justesse
aux abaissements de notre siècle. Ainsi, une invective contre les
renégats et les courtisans, dont la lâcheté cupide sacrifie tout à
l'or : une imprécation contre Paris suscitée par le despotisme
des Ligueurs ; le poète comprend et fait prévoir avec une sorte
d'instinct prophétique, combien la centralisation peut être
énervante et combien funeste à un pays ; il est vrai que pour
être juste, il eût fallu énumérer ses bienfaits et reconnaître ce
qu'elle a produit pour le bonheur et le progrès de la France.

Enfin, semblable aux mystiques de tous les temps, qui pren-
nent l'exaltation de leurs idées, et quelquefois leurs pieuses
hallucinations pour une inspiration de l'esprit divin, ce singulier poète mêlant tour à tour la théologie et la philosophie, avec
des ressouvenirs bibliques, finit par évoquer le souverain juge
qui prononce en dernier ressort la suprême sentence sur les
bons et les méchants, pesant dans l'éternelle balance de la
justice, les crimes et les vertus.

Ecoutez, Messieurs, encore une citation, ce sera la dernière :

> Vous qui m'avez vêtu au temps de la froidure,
> Vous qui avez pour moi souffert peine et injure,
> Qui à ma sèche soif et à mon âpre faim
> Donnâtes de bon cœur votre eau et votre pain ;
> Venez, race du ciel, venez, élus du père,
> Vos péchés sont éteints, le juge est votre frère ;
> Venez donc, bienheureux, triompher pour jamais
> Au royaume éternel d'une éternelle paix !
> Mais d'autre part, sitôt que l'Eternel fait bruire

> A sa gauche ces mots, les foudres de son ire,
> Quand ce juge et non père, au front de tant de rois,
> Irrévocable, pousse et tonne cette voix :
> Vous qui avez laissé mes membres aux froidures,
> Qui leur avez versé injures sur injures,
> Qui à ma sèche soif et à mon âpre faim
> Donnâtes fiel pour eau, et pierre au lieu de pain,
> Allez, maudits, allez grincer vos dents rebelles
> Au gouffre ténébreux des peines éternelles !
> Lors ce front qui ailleurs portait contentement,
> Porte à ceux-ci la mort et l'épouvantement !

Mais il est temps de conclure, car votre attention seule, Messieurs, a soutenu mes forces jusqu'ici : nous réserverons pour une autre leçon. s'il vous plaît, l'analyse des œuvres en prose de notre auteur.

En résumé, si d'Aubigné, comme penseur et personnage politique, est loin d'être irréprochable, il est juste de reconnaître en lui, comme écrivain et poète, une des plus hautes et des plus originales figures du XVIe siècle, auquel il appartient surtout par la diction et les idées. L'ardeur de ses convictions empreint et frappe son langage d'un caractère de grandeur, de force et d'élévation inconnu avant lui ; car le Moyen-âge si célèbre à d'autres égards et dont nous ne voudrions pas dénier les mérites, est trop souvent alangui par la fadeur des galanteries, abaissé par la petitesse des satires, ou obscurci sous le nuage épais d'allégories plus propices à l'art qu'à la littérature. Sans doute, chez lui l'accord complet de la forme et du fond n'est pas encore réalisé : c'est une plante vivace qui a crû dans les rochers, sa tige noueuse promet des fleurs en sa saison, mais il faut les attendre. Sans doute, chez lui le style pèche trop souvent par l'exagération, la négligence et le défaut de proportion des mots avec les idées ; mais en retour, que d'heureuses rencontres ! quelle vigueur ! quel nerf ! quels éclairs de génie dans ses malédictions contre l'homme dépravé, dans les élans de son âme vers la divinité !

S'il est vrai comme l'a dit un éminent historien, aujourd'hui ministre de l'instruction publique (1), que ses livres soient

(1) Duruy. (Hist. de Fr., c. 20, du XIVe au XVIIe siècle.)

moins des œuvres littéraires que des actes politiques, n'y a-t-il rien dont l'art puisse profiter ?

Nos plus grands poètes, Corneille, Racine, Victor Hugo lui-même, n'ont pas craint de lui faire des emprunts : n'est-ce pas là un titre de gloire pour d'Aubigné ? Si Boileau, dans ses œuvres poétiques, n'a pas daigné lui accorder une mention, est-ce une raison pour imiter son silence, et le condamner sans retour aux injures de l'oubli ?

Aujourd'hui, Messieurs, grâces aux progrès d'une science que les Allemands, l'empruntant à Platon, ont remise en honneur, mais que les littérateurs sérieux de notre époque ont su féconder de leurs judicieuses réflexions, nous n'en sommes plus à douter du génie poétique des Régnier, des Quinault, des d'Aubigné ; nous n'avons plus besoin qu'une main étrangère, fût-ce celle d'un Byron, leur délivre un certificat de poètes, certificat un peu tardif, vous en conviendrez : éclairés de plus amples lumières, ou du moins, plus dégagés de préjugés que les étroits peseurs de mots des âges précédents, c'est à la double clarté de la raison et du sentiment que nous aimons à rectifier les erreurs du passé, à affirmer le beau et le vrai, à repousser le convenu et l'artificiel, enfin à proclamer les conquêtes de notre siècle dans le champ, chaque jour mieux exploré, de la critique et de l'histoire.

M. des Francs se propose, après avoir apprécié l'auteur précité, comme historien, ce qui sera l'objet d'une nouvelle conférence, de terminer ces études par un parallèle entre d'Aubigné et Dupuy de Montbrun, chef des protestants du Dauphiné au XVIe siècle.

Tarbes.   Th. TELMON, Imprimeur de la préfecture

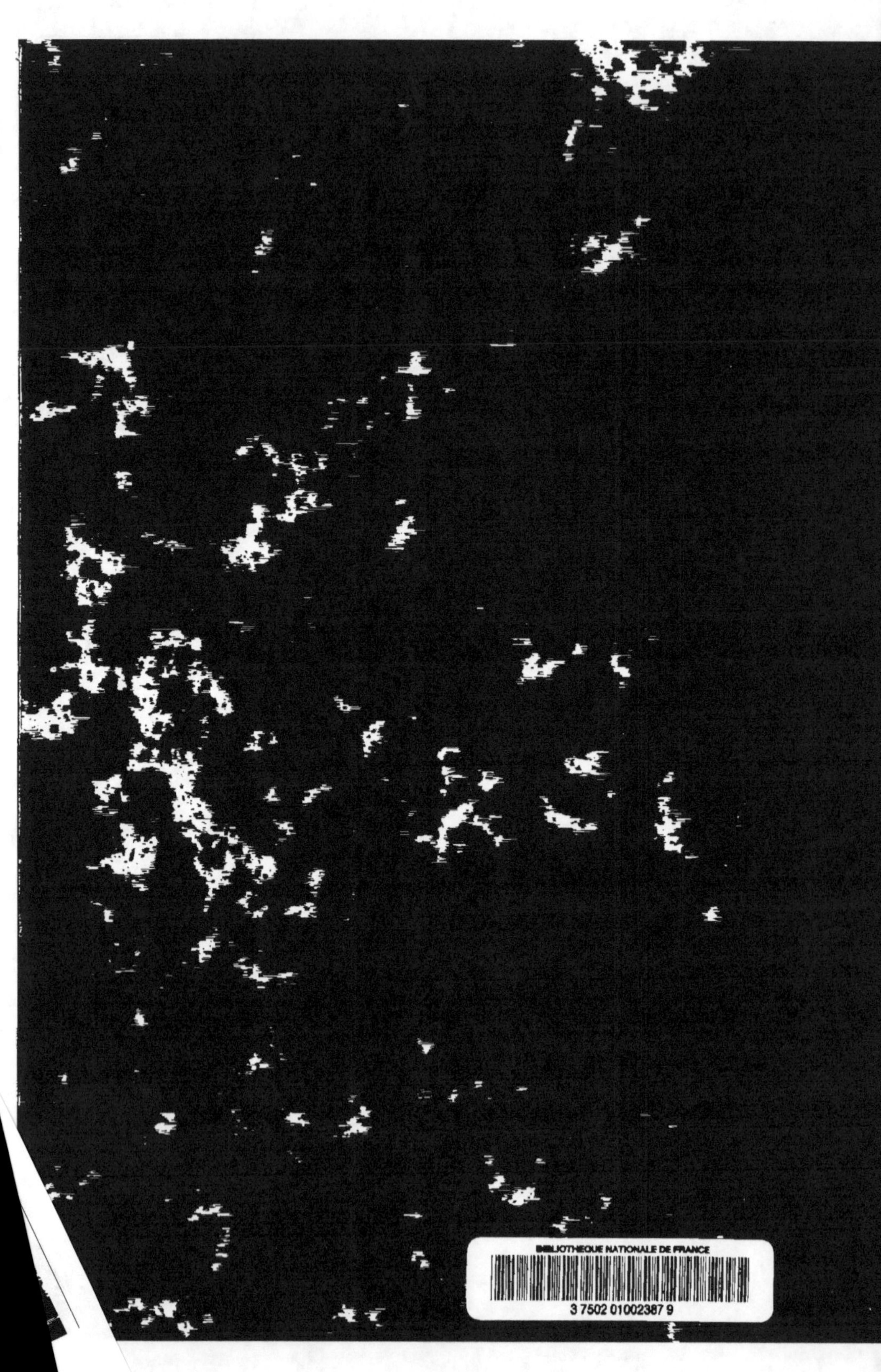

www.ingramcontent.com/pod-product-compliance
Lightning Source LLC
Chambersburg PA
CBHW051328060726
47596CB00004B/1519